eビジネス新書

No.325

週刊東洋経済

週刊東洋経済 eビジネス新書 No.325

マネー殺到！ 期待のベンチャー

本書は、東洋経済新報社刊『週刊東洋経済』２０１９年８月２４日号より抜粋、加筆修正のうえ制作しています。情報は底本編集当時のものです。（標準読了時間　９０分）

マネー殺到！ 期待のベンチャー 目次

大型資金調達が相次ぐのは偶然ではない

日本でもベンチャー投資の「大型化」が進展

まさに活況だ。ベンチャー企業に投資マネーが殺到している。調査会社ジャパンベンチャーリサーチ（ＪＶＲ）によると、２０１８年のベンチャーの資金調達額は３８８０億円。５年前の４倍以上に拡大し、リーマンショック前の水準を超えた。

１社当たりの調達額も増えている。「５年前は３億円で大型調達といわれた」（ＪＶＲの森敦子執行役員）が、１８年は平均額が３億円を超えた。１０億円以上調達した会社は８０社に上る。

１００億円規模で集める例も珍しくなくなった。直近では、２０１９年８月６日にマーケティングデータ分析の法人向けクラウドサービス「ｂ→ｄａｓｈ（ビーダッシュ）」を手がけるフロムスクラッチが約１００億円を調達。米投資ファンドのコールバーグ・クラビス・ロバーツ（ＫＫＲ）やゴールドマン・サックス（ＧＳ）などが出資した。ＫＫＲはアジア向けに1兆円を投資するファンドを１７年に組成。このファンドが日本のベンチャーに投資するのは初めてとなる。

ビーダッシュは、プログラミング知識がなくとも、業種ごとの目的に合わせてデータを簡単な操作で処理・加工できる点に強みを持つ。安部泰洋ＣＥＯは、「ＫＫＲやＧＳからは技術面を評価してもらったうえ、上場前に大きな投資をして成長するという考え方が一致した。今後は広告宣伝や開発投資、海外展開を進め、いち早くシェアを取っていきたい」と話す。

フロムスクラッチに出資するベンチャーキャピタル（ＶＣ）、ＤＮＸベンチャーズの中垣徹二郎マネージングディレクターは、「攻めの投資で赤字を出す中では、上場すると難しい経営を求められる。大型調達をしてビジネスモデルを磨いてから上場するという流れが広がっている」とみる。

高まり続ける投資熱 ―ベンチャーの資金調達額推移―

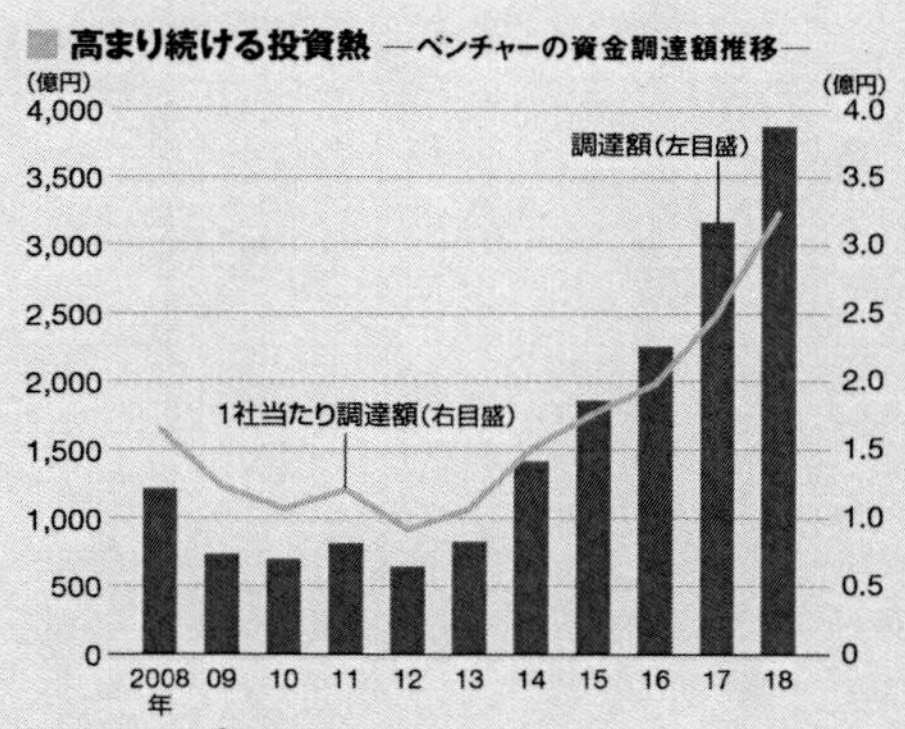

(出所)entrepedia「Japan Startup Finance 2018」

100億円規模の調達をする企業も登場

―2019年の国内ベンチャーの資金調達ランキング―

順位	社名	調達金額
1	フロム スクラッチ	100億円
2	Synspective	86.7億円
3	ティアフォー	80.2億円
4	MUJIN	75億円
5	Spiber	65億円
6	SmartHR	61.5億円
7	ピクシーダスト テクノロジーズ	48.5億円
8	QDレーザ	36.6億円
9	ミラティブ	35億円
10	ディーカレット	34億円
11	アストロスケール ホールディングス	33億円
12	スマートニュース	31億円
13	ヤプリ	30.5億円
14	B4F	30億円
〃	GROOVE X	30億円
16	エブリー	25億円
〃	OLTA	25億円
18	モンスター・ラボ	24億円
19	VISITS Technologies	22億円
〃	CAMPFIRE	22億円
〃	キュア・アップ	22億円

(注)2019年8月9日時点。一部、社債や融資での調達を含む
(出所)for Startups

リスクマネーが流入

ベンチャーが巨額資金を集めやすくなっているのは、ベンチャーに出資するＶＣにお金が集まるようになったことも大きい。

これまでＶＣを支えてきた中心は、経済産業省の外郭団体である独立行政法人中小企業基盤整備機構（中小機構）だ。１９９８年からＶＣへの投資を開始し、出資ファンド数は２８８、累計出資約束額は４３４６億円（バイアウトファンドも含む）に上る。

さらにここ数年は、年金基金や生命保険、損害保険などの国内機関投資家がＶＣに出資する例が増えている。従来は株式や債券に資金を投じてきたが、近年の低金利などを背景により高いリターンを求めて、オルタナティブ（代替）投資を強めている。「上場株式だけを対象にしていては、本当に伸びる企業を捉えられない」（年金基金関係者）。事業会社などと異なり、純粋に投資利益を求めるため、機関投資家のＶＣへの投資額は大きくなる傾向がある。

２０１８年、大きな転機もあった。フリーマーケットアプリを展開し、「ユニコーン」（企業価値１０億ドル以上の未上場企業）に成長したメルカリの上場だ。グロービス・キャピタル・パートナーズやグローバル・ブレイン、伊藤忠テクノロジーベンチャーズなど、初期から投資していた大手ＶＣは１０倍以上のリターンを得たとみられる。

グロービスの高宮慎一代表パートナーは、「機関投資家には高いパフォーマンスの安定性や継続性が評価されたと思う。メルカリの山田進太郎ＣＥＯとは、以前彼が立ち上げた会社を売却する前からのつながりだ。過去の投資や人脈を生かしながら、コンスタントに上場やＭ＆Ａでファンドの収益機会をつくってきた」と振り返る。

機関投資家マネーの流入によるＶＣファンドの大型化も目立つ。グロービスは１９年７月に約４００億円の６号ファンドを組成。前出のＤＮＸは３号ファンドを３００億円で予定しており、グリー傘下のＶＣが発祥のＳＴＲＩＶＥ（ストライブ）は１９年末までに１５０億円の３号ファンドの組成が完了するという。この９月にはＶＣ国内大手のジャフコが７００億〜８００億円規模の６号ファンド設立を計画している。

7月に新たなベンチャー投資ファンドを設立したディー・エヌ・エーの南場智子会長は「ちょろちょろと調達していては、大化けするものも化けない。大型調達はもっと増えていい」と期待する。

ベンチャー支援の方法は出資だけにとどまらない。ストライブは19年、人事や広報、マーケティング、管理部門など周辺業務を支援する専門部隊を設けた。「社外の専門家をネットワーク化して、リターンの再現性を高める」（天野雄介代表パートナー）。中堅VCのコーラル・キャピタルは、採用支援を重点的に行う。「採用候補者をデータベース化するほか、投資先の合同採用イベントでは数百人を集めている」（澤山陽平・創業パートナー）。

機関投資家からの資金流入は、さらに増える余地がある。米国や中国と比較すると、日本のベンチャー投資の規模はまだまだ小さい。その理由について、独立系VCであるインキュベイトファンドの村田祐介ゼネラルパートナーは、「米VCの資金の出し手は大半が年金基金や大学などの機関投資家だ。事業会社や金融機関の出資は景気に左右されるため、日本でも継続的な資金の出し手として、いかに機関投資家に入ってもらうかが重要になる」と指摘する。

中小機構の坂本英輔・ファンド事業企画課長は「これまでの機構出資額に対し、民間投資額は2倍に膨らんだ。それだけ呼び水効果があったと思っている。機関投資家を呼び込もうとしているファンドに対し、積極的に資金供給していきたい」と話す。5月には1ファンド当たりの出資限度額を60億円から80億円に引き上げた。

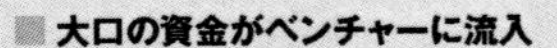

―国内機関投資家のプライベートエクイティー投資先意向―

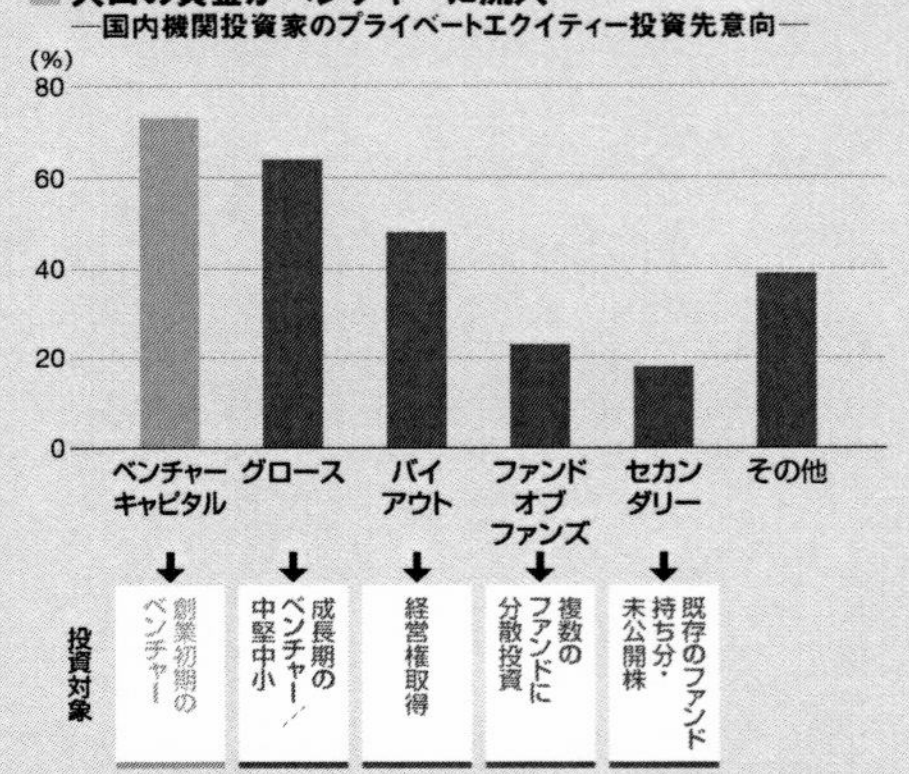

(注)2019年6月時点。国内機関投資家への調査、複数回答
(出所)英調査会社Preqin

規模は米中などが圧倒的

―ベンチャー投資額の国際比較―

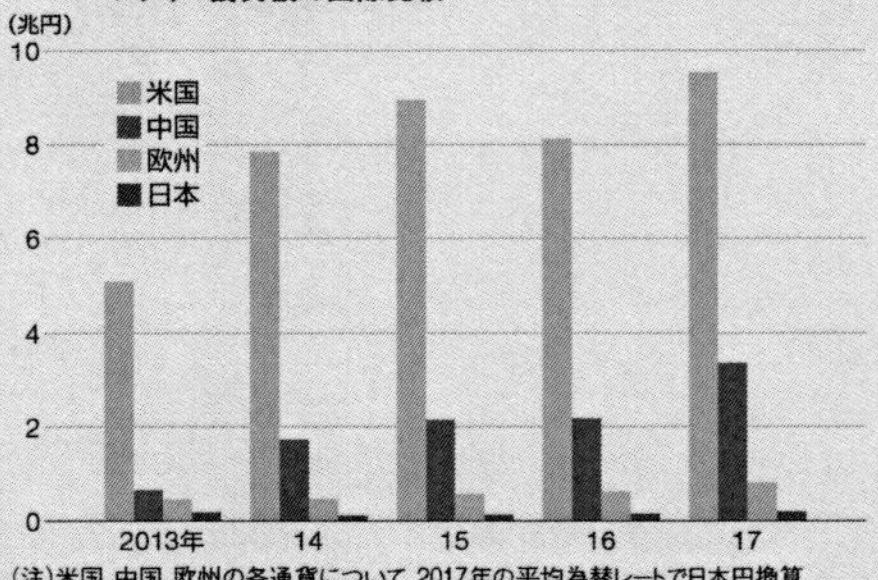

(注)米国、中国、欧州の各通貨について、2017年の平均為替レートで日本円換算
(出所)一般財団法人ベンチャーエンタープライズセンター「ベンチャー白書2018」

既存産業をITで変革

リスクマネー流入という追い風が吹く中、日本にも有望なベンチャーが続々と誕生している。

特徴の1つは、既存の産業が抱える課題をITで解決するものが多い点だ。

医療・ヘルスケア分野では、武田薬品工業出身者が立ち上げた電子薬歴システムの「カケハシ」のほか、医師が起業し治療用アプリを開発する「キュア・アップ」がある。

町工場が活用する受発注プラットフォームを展開する「キャディ」は、米コンサルティング大手マッキンゼー・アンド・カンパニー出身者が製造業のコンサルティングをする中で事業のニーズをつかんだ。国際物流のクラウドサービスを提供する「シッピオ（Shippio）」、AI（人工知能）を使った学習システムの「アタマプラス（atama plus）」の創業者はともに、三井物産での事業経験から起業を思いついた。

もともと起業の多かったインターネット業界で熱を帯びているのが、法人向けの「SaaS（ソフトウェア・アズ・ア・サービス）」と呼ばれる分野だ。クラウド上で提供する定額課金のサービスで、19年6月に上場した名刺管理の「Ｓａｎｓａｎ」を筆頭に、前出の「フロムスクラッチ」のほか、「スマートHR」は7月に60億円超を調達。ヤフー出身者が創業した「ヤプリ」や、楽天出身者が立ち上げた「プレイド」もＳａａＳの有望株といわれる。

18年末、国内ＳａａＳベンチャー向けに100億円超の投資枠を設けた米セールスフォース・ドット・コムの投資部門で日本代表を務める浅田慎二氏は、「日本企業はいまだに紙の山に埋もれ生産性が低い。ＳａａＳはこれを解決する。米国の中小企業は平均で16個もＳａａＳを使うほど。日本もようやく盛り上がってきた」と話す。

株価が低迷するメルカリ

一方で、ベンチャー業界は大きな課題も抱えている。上場前後のベンチャーを長期で支援するファンドを、みずほフィナンシャルグループと立ち上げた、シニフィアンの朝倉祐介共同代表（元ミクシィ社長）は「ベンチャーの本来の目的は新しい産業をつくることなのに、上場後に業績や株価が低迷してつまずいてしまう会社が多い」と指摘する。

日本取引所グループによると、上場申請後に承認に至らなかった銘柄数は18年度で46あり、前年度から大幅に増加したという。傘下の自主規制法人は19年3月に、上場審査を厳格化すべく証券会社や監査法人に通達を出した。

ユニコーンとしてもてはやされたメルカリでさえ株価は軟調だ。現在の株価は公開価格を割り込み、初値の約半分にとどまる。株式市場でベンチャーが信認を得るまでの道のりは長い。

そうした壁を物ともせず、米グーグルやフェイスブック、アマゾンのような世界を変えるベンチャーが日本にも必要とされている。ここからは「次のユニコーン」になる可能性を秘める企業を紹介する。

（中川雅博）

【キュア・アップ】日本初の「治療用アプリ」で世界展開へ

【設立】2014年7月【資本金】13億円【社員数】65人

日本で初めての「治療用アプリ」が生まれようとしている。2014年創業のキュア・アップ（CureApp）は、ニコチン依存症治療（禁煙治療）用のスマートフォンアプリを開発中だ。

これまでの治療法は、医薬品を処方するものと、医療機器を用いるものが主流だった。創業者で呼吸器内科医の佐竹晃太CEO（37）は、「アプリを使う第3の治療法として、行動変容を促す」と説明する。

仕組みはこうだ。最初の診察で医師がシステムに患者の情報を入力。患者はアプリをダウンロードし、病院や薬局で専用のパスコードと呼気中の一酸化炭素（CO）濃度を計測するIoTデバイスを受け取る。アプリにその日の気分やCO濃度などを入力すると、個々の状態に応じたアドバイスなどが表示される。例えば、「たばこを吸いたくなった」と入力すると、「ガムをかもう」「部屋の掃除をしよう」などと提案される。

「今までは医師と患者が接するのは1カ月に1回、5〜10分の診察だけだった。病院外でもアプリが適切なフォローアップをしていく」と佐竹氏は言う。

開発のきっかけは、米国の大学院に留学中、ソフトウェアによる治療の可能性を示す多くの研究に出合ったことだ。さらに日本では2014年に薬事法（現薬機法）改正により、医療用ソフトウェアが薬事の対象となった。

20年には保険適用を目指す

18年末に慶応大学医学部と共同で最終臨床試験を完了した。治療開始から約半年の継続禁煙率で有効性を証明するデータを得られたとして、厚生労働省に承認申請を行った。20年中の保険適用を目指しているという。

禁煙治療以外にも、非アルコール性脂肪肝炎や高血圧の治療用アプリも開発している。19年7月に22億円を調達しており、対象疾患をさらに広げる方針だ。製薬会社は近年、新薬開発に最低1000億円といわれる莫大な研究費をかけており薬価は高騰している。「治療用アプリであれば、同等の効果で開発費を10分の1未満にできる」と佐竹氏は言う。

3月には米国子会社を設立し、禁煙用アプリの治療承認を米当局に申請する準備を始めた。25年ごろには売上高100億円超を目指す。

（中川雅博）

薬剤師と患者の関係を密に

【カケハシ】 薬剤師の負担を減らす薬歴システム

【設立】2016年3月 【資本金】1億円 【社員数】81人

薬局向けクラウド型電子薬歴システムを提供するカケハシの中尾豊CEO（31）は以前、武田薬品工業にMR（医薬情報担当者）として勤務。営業成績を上げる中、知人から薬局の経営話を持ちかけられた。そこで仕事の傍ら経営大学院に通い、薬局の価値を考え直したという。

「薬剤師は単に薬を渡すだけでなく、患者の健康意識を高めるためのアドバイスを提供できる。だが事務作業に追われ、十分に対話できていなかった」（中尾氏）。それを解決するインフラを作るため、薬局経営よりも起業を選んだ。

カケハシのシステムは、疾患や生活習慣などの患者情報と処方薬の情報を基にした最適な服薬指導や個々人に合った健康維持の助言を、店頭のタブレットに表示する。患者に見せて確認しながらタップしていくと、薬歴の下書きが自動で行われる。対話と仕事の効率化が同時に行えるのだ。

薬歴の記入は、薬剤師の大きな負担となる。薬歴とは過去の調剤や服薬指導の記録のことで、薬局の収入となる調剤報酬の請求に不可欠だが、記入に1日2～3時間かかる。カケハシのシステムを使うと1日40～60分に短縮される。

薬局からの問い合わせは累計1万件以上。導入数も順調に伸びているという。「継続的に使ってもらうには、導入時の研修が重要だ」(中尾氏)。営業やカスタマーサポート要員の確保・育成を進める。

今後は「薬局の外にもアプローチしたい」という中尾氏。スマートフォンアプリなどを使って、服薬時に通知したり、患者の服薬状況を基に薬剤師が助言したりする構想もある。

(中川雅博)

保険、エンタメにも商機

【ティアフォー】　自動運転用OSで世界トップ

【設立】２０１５年１２月　【資本金】４１億１０００万円　【社員数】約１５０人

自動運転技術の民主化をミッションに掲げる。自動運転の開発競争が激化する中、世界から注目を浴びる日本企業がある。名古屋大学発のティアフォーだ。

「小さな組織や個人でも、自動運転車を造れるようにしたい」という加藤真平会長（３７）の考えからオープンソースの自動運転用オペレーティングシステム（ＯＳ）「オートウェア」を無償公開している。現在国内外で２００社以上が同ＯＳを使用しており、自動運転用ＯＳの使用社数では世界一を誇る。

２０１８年１２月には、オートウェアの標準化を目指す「オートウェアファンデーション」を結成。米インテルや中国ファーウェイ、トヨタ自動車の自動運転開発子会社TRI－ADなど名だたる企業が参画する。自動運転開発では米グーグル系ウェイモがトップランナーだが、ティアフォーは世界中の1000人以上のエンジニアと連携することで、性能と安全性でより高い競争力を目指す。

自動運転システムや車両も開発しており、日本では地方を中心に62地域、海外では10カ国で自動運転実証実験の実施・支援を行う。空港など限定エリアでの低速走行、時速30～40キロメートルでの市街地走行、米国での高速道路走行など、さまざまな状況に対応。2019年2月には愛知県で、5G通信を使った無人遠隔の実証実験を日本で初めて成功させた。今後、実験対象の自治体を10倍に増やしていく方針だ。

現在は自動運転開発のノウハウを持たない企業へのコンサルティングが収入源。将来は地方の足となるような無人タクシーなど、自動運転サービスの事業化を視野に入れる。さらに有望視しているのが保険事業だ。「100%の安全は存在しない。自動運転の技術を高めると同時に、保険の仕組みで安心を担保する必要がある」(加藤氏)。

事故が起きた後の保険に加え、危険なルートの事前回避や運転中の遠隔モニタリングなど、事故の確率を低くする仕組みの提供をビジネスチャンスと見定め、損害保険ジャパン日本興亜と提携している。

「オープンソース戦略を選んだ時点で、自動運転車両のコモディティー化は覚悟している」（加藤氏）。付加価値を得られる領域として、車内でのエンターテインメント技術の開発にも取り組む。高精度センサー（ライダー）と連動し、車外の景色を使ってゲームを楽しめるVR・AR技術を開発、特許も取得している。

2018年にはトヨタが参加するVC、未来創生ファンドが出資。19年に入ってからは損保ジャパン日本興亜など5社が第三者割当増資を引き受けた。すでに累計資金調達額は113億円に達した。

目下の課題は品質向上のための人材確保だ。AIやソフトの領域ではハイレベルな人材がそろうが、安全や品質保証のノウハウを持ったエンジニアが足りない。2020年に入ってくる新卒約10人を含め、現在の4倍の200人規模に増員する予定だ。

上場に注目が集まるが、「自動運転の市場が立ち上がる適切な時期に行う」（加藤氏）とし、当面は安全・品質の強化に力を注ぐ。複数の日系自動車メーカーとの協業も進んでおり、年内にも成果を発表できるという。

（森川郁子）

独自開発の低速自動運転車「マイリー」（左）。加藤氏（上）は東京大学准教授も兼ねる

【エーエルアイテクノロジーズ】（A.L.I.Technologies）
空飛ぶモビリティを展開

【設立】２０１６年９月　【資本金】２億３２８５万円　【社員数】６１人

外資系金融機関やコンサルティング会社出身の経営陣、事業領域は空飛ぶモビリティ、株主にサッカー元日本代表の本田圭佑氏――。こう説明すると派手なベンチャーのイメージが漂うが、実質1年目から黒字化を果たし経営は堅実だ。

創業者の小松周平会長（３６）が外資系証券会社で稼いだ資金で行っていたベンチャー投資。その1社を買収する形で起業した。空飛ぶモビリティに事業領域を定めたのは、元のメンバーが航空宇宙工学専攻だったからだ。

先輩が起業した独立系コンサルの日本法人トップを務めていた片野大輔社長（34）は、数年前に知り合った小松会長のビジョンに賛同、「面白いことをしたい」（片野氏）と飛び込んだ。

主力事業は2つ。第1が、ドローンを活用したインフラ点検など産業用ソリューション事業。ドローンの機体設計・開発から3Dプリンターを生かした生産、飛行の安定制御や画像解析を行うソフトウェアの開発まで自社でこなす。知的財産を戦略的に保有し、経営陣が培ってきた人的ネットワークで大企業と提携、研究開発収入を得ている。最近では機体の提供や操縦士の派遣、データ解析するサービスによる収入も増えてきた。

もう1つがクラウドコンピューティング事業だ。高精細な3D映像を生成するソフトなどをクラウド上で提供する。ブロックチェーンや分散コンピューティングの知見を持つすご腕エンジニアが開発した。「この技術は将来的にドローンなどの航空管制に生かせる」（片野氏）。

2事業で2018年12月期に売上高約10億円、純利益7000万円強を稼ぎ出した。一方、研究開発段階なのが空飛ぶバイク「スピーダー」。地面から数十センチメートル浮いて移動でき、砂漠や湿地帯での移動やホビー向けに事業化を狙う。

空飛ぶモビリティのメリットは、障害物を避けられる高度で、A地点からB地点へ移動できることにある。ただ、その実現には法律の整備、社会的同意など時間がかかる。「高度100メートルといった本格的な空飛ぶモビリティはベンチャーには難しい」(片野氏)と冷静に判断。まずはスピーダーで実績をつくり、来る日に備える考えだ。

出資者はドローンファンドから、セガサミーホールディングスや名古屋鉄道など一般企業へと拡大。新たな資金調達や近い将来の上場も視野に入れる。「新しい産業を興したい」(片野氏)。地に足を着けた経営から、大空高く飛躍を誓う。

(森川郁子)

【ギタイ】 宇宙飛行士の代行ロボットを開発

【設立】2016年7月【資本金】400万ドル（米国登記）【社員数】10人

宇宙飛行士の船内作業を代行する遠隔操作型のロボットを開発中なのが、2016年設立のギタイ（GITAI）だ。中ノ瀬翔CEO（32）は日本IBMを退職後、インドでウェブサービスのベンチャーを起業し売却した。その後好きだったロボットの試作に没頭していたところ、投資家の目に留まり、法人化に至った。

そんな中、「顧客調査で切実な需要があったのが宇宙だった」（中ノ瀬氏）。宇宙ステーションで実験などを行う宇宙飛行士のコストは1時間当たり500万円で、その多くが輸送費用だ。「ロボットを送れば（ずっと滞在できるため）コストを50分の

1に下げられる」(同)。

現在はJAXA(宇宙航空研究開発機構)と組み、実験を繰り返す。袋から物を取り出したり、船外につながるハッチを開閉したりといった具合だ。宇宙では通信の遅延があるため、ロボットの作業の半分弱は自動化を目指す。

2019年幹部として入社したのが、13年に米グーグルが買収したヒト型ロボットベンチャー、シャフトの創業者である中西雄飛氏(37)だ。シャフトは高額な原価がネックとなり、事業が頓挫した。「宇宙では1台1億円でも需要がある。自分の研究が世の中に貢献できるかもしれないと感じた」(中西氏)。

2020年には宇宙での実験に着手し、23年の事業化を計画する。将来的には船外作業のロボット化も視野に入れる。

(中川雅博)

【リーガルフォース】　契約書のあり方をがらりと変える

【設立】2017年4月　【資本金】2億9085万円　【社員数】24人

「反復作業に多くの時間を取られることがストレスだった」。京都大学法学部卒業後、森・濱田松本法律事務所に弁護士として在籍していた角田望CEO（32）は、当時をこう振り返る。

企業の法務担当者と弁護士が行う契約書の確認は手間が多い。契約書を相手と取り交わす場合、まず受け取った文書を精査し、相手に極端に有利な条文が入っていないか確認する必要があるからだ。「通常は1時間程度かかることが多い」（角田氏）。

この確認を容易にしたいと考え設立したのがリーガルフォース（LegalForce）だ。利用者が契約書をアップロードするだけで、文書内の言葉がわずか1秒で自動的に分類・識別される。不利な条文や欠落条項をアラートとして表示し、適切な修正も提案してくれる。京大の森信介教授が開発する、自然言語処理の仕組みと連携することで実現させた。

料金は月10万円から。すでにサントリーや双日など大企業の法務部門や、中小規模の法律事務所など100社以上が導入している。今後、自然言語処理の精度や汎用性をさらに高めれば、契約書のレビューのみならず、日本語で書かれたさまざまな書類を処理することができるようになるという。「企業向けでは、法務部門以外にも調達や営業部門が顧客の対象となりうる」(角田氏)。

テクノロジーを使った法律関係の新サービスは「リーガルテック」と呼ばれ、契約業務そのものを自動化・最適化する「ホームズ(Holmes)」もこの分野で有力だ。「どんな大企業でも最適な契約が実現しているところはない」(笹原健太CEO・36)と、リーガルフォースとは違うアプローチで挑んでいる。

(梅垣勇人)

大手も無視できない存在に

【シッピオ】 貿易手続きをITで簡素化

【設立】2016年6月 【資本金】1億2423万円 【社員数】12人

企業にとってモノを輸出入する際に煩わしいのが、輸送会社の手配や通関などの業務だ。調整が必要な関係者が多岐にわたるうえ、電話やメール、書類でのやり取りが多く、効率化が進んでいない。

そんな荷主の悩みを解決するのが、シッピオ(Shippio)のサービスだ。中小企業をターゲットにしており、国際物流の見積もりから実際の手配、支払い、輸送状況の確認、貿易書類の管理まで一貫してインターネット上で行える。50社以上の運送事業者の情報を自社システムで管理し、費用を抑えた最適な配送方法を荷主に提案する。

佐藤孝徳CEO（36）は、三井物産出身。原油のトレーディング業務やコーポレートベンチャーキャピタルへの出向、中国総代表室を経て起業した。サービスの開発には、「国際物流のそれぞれの業務を再定義し、より効率的な方法を模索したため、2年近くかかった」（佐藤氏）という。日本のベンチャーで初めて貨物利用運送事業の許可も取得した。

国際物流におけるデジタル化は世界的な潮流だ。「シッピオは先行する米フレックスポートを参考にした」（佐藤氏）という。既存の大手物流企業にとって、無視できない存在になりそうだ。

（佃　陸生）

年内に100万個販売目標

【イーパー】 日本郵便が認めた再配達削減バッグ

【設立】2017年8月 【資本金】2800万円 【社員数】7人

自宅に不在でも玄関先にバッグを取り付けておけば、宅配業者がそこに荷物を入れておいてくれるサービス、「OKIPPA（オキッパ）」をイーパー（YPer）は展開している。

人手不足に悩む宅配業者にとって、再配達は深刻な問題になっている。国土交通省によると、2019年4月の再配達率は16%。前年同月比で1ポイント上昇した。有力な解決策は宅配ボックスの設置だが、住宅用の頑丈なものは設置に数万円以上かかるうえに設置場所が限られる。「昔ながらの集合住宅でも手軽に使えるものが必要だと考えた。それが『置き配バッグ』だ」と、伊藤忠商事出身の内山智晴社長（34）は言う。

実際に効果は出ている。日本郵便と2018年12月に行った実証実験で、杉並区の1000世帯に置き配バッグを配布したところ再配達が61%減った。これを拡大させ、19年6月からバッグ10万個の無料配布プログラムも始めた。

盗難の被害が気になるところだが、「今のところはない」(内山氏)。荷物が届くとイーパーが運営するスマートフォンアプリに通知されるほか、月額100円で最大3万円を補償するプランもある。

19年末までの置き配バッグの販売目標は100万個。8月には不動産管理向けシステムの「ライナフ」と伝票番号によるオートロックエントランスの解錠サービスを始めるなど、他社と提携しながら達成を狙う。

(佃　陸生)

【グラファー】 行政手続きをテクノロジーで効率化

【設立】2017年7月 【資本金】5000万円 【社員数】11人

行政手続きのために役所へ出向かざるをえず、煩雑さや待ち時間の長さにうんざりする人は多い。

こうした現状をテクノロジーで変えようとしているのがグラファー(Graffer)だ。戸籍謄本や住民票といった証明書の郵送請求が簡単にできるサービスを展開する。郵送請求は自分で行えるが、交付請求書、本人確認書類、手数料分の定額小為替、返信用封筒などを用意し、送付する手間がかかる。グラファーではネット上で必要な情報を記入し、本人確認書類をアップロードするだけで作業を代行してもらえる。

また法人向けには、法人登記簿謄本や印鑑証明書を請求できるサービスを運営し、利用社数は5000を超える。

自治体による行政手続きのオンライン化も支援する。2019年8月、大阪府四條畷市（しじょうなわてし）と共同で住民票の交付請求をオンラインで受け付ける実証実験を始めた。専用サイトから請求し、クレジットカードで手数料を支払えば、住民票が郵送されてくる。

創業者の石井大地CEO（33）は、東京大学医学部から小説家を目指して文学部に転部。「文藝賞」を受賞後、複数社の起業や経営などを経て、グラファーを立ち上げた。「小説の読者よりも多くの人に自分が作ったものを届けたかった。目指すのは、全員が使ってくれるサービスだ」（石井氏）。

テクノロジーで行政サービスを改善する「GovTech（ガブテック）」の先駆者であるグラファー。動きが鈍い自治体にどれだけ食い込めるか。石井氏の手腕が試される。

（印南志帆）

活況呈するベンチャーイベントの実態

資産運用、がん早期診断、EC支援……。代わる代わる舞台に現れるベンチャー経営者が、自ら手がける事業についてプレゼンを行っていく。誰もが、持ち時間の6分間に熱を込める。

神戸市で19年7月、ベンチャー経営者やベンチャーキャピタルの担当者など約750人が集うイベント、インフィニティ・ベンチャーズ・サミット（以下、IVS）が開催された。2日間の会期中、組織論や財務戦略、最新テクノロジーなどをテーマに、ベンチャー関係者が登壇するセッションが20以上行われた。

冒頭のプレゼン場面は、2日目に行われた目玉企画「ローンチパッド」での一幕だ。ローンチパッドには毎回、事前審査で勝ち上がったサービス開始間もない10社程度が登壇する。これをきっかけに資金調達が実現したり、メディアへの露出が増えたりすることもあり、ベンチャーの登竜門といえる場だ。

ＩＶＳのようなベンチャー経営者向けのイベントはほかにもある。参加費が1人当たり20万円以上必要なイベントもあるが、どれも数百人規模の動員があり盛況だ。セッションの内容が経営の役に立つというのはもちろんのこと、別の理由もある。

効率的に「相手探し」

「勝負は昼食、夕食時のネットワーキングだ」。ＩＶＳに参加した、企業向けのクラウドサービスを展開するベンチャー経営者はそう話す。どのイベントも、ベンチャーからの参加者のほとんどが経営トップやナンバー2だ。「多くの経営者と直接話ができるので、先方へのサービス導入や協業が決まりやすい」（前出のベンチャー経営者）。

ベンチャーにとっては投資家と出会える貴重な機会でもある。既存調達先の投資家を通じて別の投資家を紹介してもらったり、偶然の出会いから話が弾んだりして、新たな資金調達が決まることも珍しくない。

投資家から見てもベンチャー経営者が大勢参加しているのは都合がいい。人材系のコーポレートベンチャーキャピタルの投資担当者は「セッションで今のトレンドを押さえつつ、ＡＩ関連などで有望な投資対象がないか探す目的で来た」と話す。

主催者側もこうした出会いを後押しする。Ｂダッシュ・キャンプは、「上場企業の幹部にも広く参加を呼びかけ、資金調達だけでなくＭ＆Ａにつながる機会も創出している」（Ｂダッシュ・ベンチャーズの西田隆一ディレクター）という。

ＩＣＣサミットでは、「年2回の大規模サミット以外に、過去の人気セッションの上映会や工場見学会などを開催しており、参加者同士が近い距離でディスカッションできるようにしている」（ＩＣＣパートナーズの小林雅代表）。

各イベントが活況を呈する中、さらなる発展には差別化も求められそうだ。

（長瀧菜摘）

■高額でも参加者は多い

	Infinity Ventures Summit	B Dash Camp	ICCサミット	G1 ベンチャー
	INFINITY VENTURES SUMMIT	B DASH CAMP	INDUSTRY CO-CREATION	G1 VENTURE
開始時期	2007年11月	2011年9月	2016年3月	2014年4月
開催頻度	年2回	年2回	年2回	年1回
参加費	15万4000円	18万円	22万6800円	9万8000円
直近の参加人数	約600人	約750人	約900人	約270人

(注)複数の参加プランがあるイベントは最も一般的なプラン価格を掲載　(出所)取材に基づき本誌作成

【ヤプリ】　誰でも簡単にアプリ開発

【設立】２０１３年４月　【資本金】１０億９７４０万円　【社員数】１４３人

「誰でも簡単にアプリを作れるサービスがあれば革新的だ」。米アップルが２００７年にｉＰｈｏｎｅを発売した後、ヤフーに勤めていた３人のエンジニアは、そう感じた。この３人が１１年から本業と並行して開発を進め、１３年４月に創業したのがヤプリ（yappli）だ。ヤフーは創業時に約３０００万円を出資し、以来支援を続けている。

ヤプリのクラウドサービスを使えば、管理画面に表示されるさまざまな機能をドラッグ・アンド・ドロップ操作によって配置するだけで、簡単にアプリを開発できる。

創業者の一人である庵原保文CEO(42)は、「プログラミングを不要にするという点に目をつけた」と話す。

導入する企業は300社を超えているが、すべて非IT系。とくに多いのが、アパレルや小売りでECを展開する企業だ。ウェブからアプリへの移行で、1人当たりの購入率や購入額が高まる事例が多いという。

実店舗でも、クーポンやポイントカードの代替として使えるようにできるうえ、プッシュ通知による顧客の呼び込みなども可能だ。

最近では組織内で活用されるアプリの開発も盛んだという。青山学院大学は、休講情報などを知らせるアプリを導入。掃除用品を販売するダスキンは、販売委託先への情報共有をアプリ化した。開発に使われたのは、ヤプリだ。

毎月解約率は1%未満

初期導入費用は約200万円で、システム利用料は月額30万円から。「システム開発会社に依頼したり、エンジニアを雇ったりすると、この10倍はかかる」(庵原氏)。導入企業はヤプリの活用による収益成長や費用対効果を感じやすく、毎月の解約率は1%を切る。SaaS企業としてはトップクラスだ。

成長を加速するべく、2019年6月には、それまでの調達総額の3倍となる約30億円を調達。採用やマーケティングに投じる。角田耕一CFO(最高財務責任者)は、「これまでは保守的だった部分があり、機会損失もあった。ただここからアクセルを踏み、成長機会を最大化して上場を目指したい」と話す。

「アプリ活用はアパレル以外にも広がる。市場開拓の余地は大きい」。庵原氏はそう意気込む。ユーザーの増加は今後も続きそうだ。

(中川雅博)

【プレイド】 デジタルマーケティングの新機軸

【設立】2011年10月 【資本金】1億4998万円 【社員数】129人

「あなたのウェブサイトやアプリに今どういう人が来て、何をしているか知っていますか」。ウェブサイトの顧客分析を手がけるプレイド（PLAID）の倉橋健太CEO（36）は、そう問いかける。

ECサイトなどはこれまで、会員情報や購入履歴といった情報を基にユーザーを属性でくくり、商品の提案やクーポンの配布などを行ってきた。だが「ユーザーがどう動いたか、何にどう興味を持ったかといった行動データは活用されてこなかった」（倉橋氏）。

新卒で楽天に入社し、データマーケティングに従事。自営業の家庭で育ったことから起業志向が強く、事業を構想し始めた頃に現在のCTO（最高技術責任者）と出会い、プレイドを創業した。

EC以外の顧客も拡大

顧客分析サービス「KARTE（カルテ）」は、サイトの訪問者を個人軸で解析するのが特徴だ。ユーザーがサイトを訪問した瞬間から行動を記録し、過去の訪問履歴や、サイト運営企業が持つほかの顧客関連データなどとひも付けて分析。それを基にして、ユーザー一人ひとりに合わせてサイトの構成を変えたり、お薦め商品やクーポン、ポップアップメッセージを表示したりするなど、購買を促すのに最適な情報を提供する。エンジニアでなくても、簡単に扱えるという。

KARTEが解析したユーザー数は延べ40億人以上。ECが中心だった顧客業種も、人材、不動産、金融などに広がる。これまで売上高を毎年2倍以上に伸ばしてきた。

２０１８年5月には約２７億円を調達し、人材採用や開発投資を加速。ＥＣや広告業界からも出資の声がかかるが、株主は独立系、金融系のＶＣが中心だ。「事業拡大のためには特定の〝色〟がつくことは避けたい」（倉橋氏）。資金を元手に、マーケティング革命を推し進める。

（中川雅博）

自動会話プログラムで効率化

【モビルス】 顧客対応の自動化をサポート

【設立】2011年9月 【資本金】9000万円 【社員数】92人

人手不足が深刻な領域の1つであるコールセンター。ここでの業務をチャットボット（自動会話プログラム）で効率化するシステムを手がけるのがモビルスだ。

ベトナム出身の開発者らによって創業された同社を2014年から率いるのは石井智宏社長（45）。新卒で入社したソニーに11年勤務し、別会社を経てモビルスに参画した。受託開発中心だった業態からの転換を図り、あらゆるコールセンター業務に適用できるシステムのベンダーに変身。会社を成長軌道に乗せた。

企業がチャットボットを活用する機運は高まっており、関連事業に乗り出すベンチャーは増えてきたが、モビルスの優位性は何か。石井氏は「人とチャットボットが最適に役割分担できる設計にしている点だ」と話す。

主力サービスの「モビエージェント」がまさにその役割を担う。導入すると、顧客からチャットで寄せられた質問への自動応答、定型手続きの自動受け付けなどができ、客の希望や問い合わせ内容に応じ人間のオペレーターへ切り替えることも柔軟に行える。

さらに、アンケートで取得した年代、性別などの顧客情報を基に、LINEを使ってお知らせや広告を配信できる機能もある。「守り」の顧客対応と「攻め」のマーケティングを一元管理できるのが、モビルスの売りだ。

次に照準を定めるのは、音声による自動応答だ。依然多い電話の問い合わせにも対応範囲を広げる。

役員全員が40歳以上のモビルス。「みんながほかの会社で経験を積んだ〝おっさんベンチャー〟だからこそ、あらゆる企業のニーズに気づける面がある」と石井氏は強調する。

（長瀧菜摘）

顧客は2万6000社超

【スマートHR】 クラウドで人事労務を効率化

【設立】2013年1月 【資本金】27億3400万円 【社員数】114人

「ほかの起業家が目を向けていない分野だった」。人事労務のクラウドサービスを手がけるスマートHR（SmartHR）の宮田昇始社長（34）は、事業領域をそう表現する。入社時に必要な情報を社員がスマートフォンで入力すると、社員名簿が自動更新され、その情報から手続きに応じた書類を自動で作成。社会保険や雇用保険の手続きはウェブで役所に申請できる。年末調整もアンケート形式で質問に答えるだけで完了する。

27歳のときに難病を患った宮田氏は、好きなことをやりたいと思い、ウェブサービスをつくることを決意。だが起業して始めた2つのサービスはうまくいかなかった。

そんなとき、妊娠した妻が出産・育児休暇の手続きで大量の書類の記入に困っていた。「社会保険の手続きを便利にするソリューション（解決策）は聞いたことがない。やる意味があるかもしれないと思った」。

チェーン店の需要増

サービスの開発段階からベンチャーイベントで優勝し、波に乗った。「人事労務の担当者は多くの業務を掛け持ちしており、残業時間も長い。効率化のニーズは高い」（宮田氏）。今や2万6000社以上の顧客を抱える。ベンチャーだけでなく、飲食や小売り、ホテルといったチェーン展開する企業からの引き合いも多いという。

スマートHRを使えば使うほど、人事労務のデータが蓄積される。19年9月には必要な情報を簡単に分析できるレポート機能を実装する予定だ。

他社サービスとの連携も積極的に進める。給与計算や勤怠管理などのクラウドサービスを展開する企業は多く、「連携する製品が多いほど、使い勝手はよくなる。アプリストアのようなものを設け、プラットフォーム化したい」と宮田氏は言う。

１９年７月には６１・５億円の大型資金調達を実施。米国の著名ベンチャーキャピタルからも出資を受けた。「目先の利益ではなく、（上場前に）どれだけ事業を大きくできるかという視点で支援してくれる」と宮田氏は言う。従業員数はこの２～３年で３００人規模まで拡大させる計画だ。

ネクストユニコーンの呼び声も高い。人事労務分野における先行者利益を狙う。


（中川雅博）

【スタディスト】 マニュアルの作成を簡単に

【設立】2010年3月 【資本金】3億8105万円 【社員数】85人

スマートフォンで写真や動画を撮影し、指1本で簡単にマニュアルを作成・共有できるサービスが、「Teachme Biz（ティーチミー・ビズ）」だ。スタディストが開発し、今や2500社以上の顧客を抱える。

リーマンショック後の2009年、鈴木悟史社長（46）が勤めていた会社が民事再生法の適用を申請。それなら何か事業の旗を揚げたいと思い、翌年に起業した。「前職のコンサルタント時代、ITシステムの手順書を作るのに苦労した。文字ばかりで読まれることもない。わかりやすいマニュアルを簡単に作れるようにしたかった」。

創業時はサービス開発のエンジニアがいなかった。鈴木氏は独学でプログラミングを習得。2年かけて作り上げた。

スタディストには追い風が吹く。飲食・小売業は人手不足の中で外国人が多く働く。すかいらーくではティーチミー・ビズを使い、定期的に変わるメニューの調理手順を写真や動画でマニュアル化した。全店の読了率もわかる。

飲食だけではない。「これからソフトウェア難民が増える」と鈴木氏は指摘する。AIやRPA（ロボットによる業務自動化）など、昨今は法人向けITツールがあふれ、従業員への導入教育が必須だ。

2018年タイに合弁会社を設立し、海外展開も開始。現地に日系飲食チェーンが多いことから、研修などによる需要が見込め、成長の期待は大きい。

（中川雅博）

【アタマプラス】　AIが学習方法を個人ごとに最適化

【設立】２０１７年４月　【資本金】１０億２３８３万円　【社員数】４７人

数学や英語など、勉強の「つまずき」ポイントは人それぞれ。アタマプラス（atama plus）が提供するのは、そうした違いにAIで対応するパーソナライズ教材だ。

創業のきっかけは、稲田大輔CEO（３７）が三井物産時代に教育事業の立ち上げで、ブラジルに赴任したことだった。学校現場でタブレットを使いながら活発に議論する子どもたちを目の当たりにし、「日本の教育にも、もっとテクノロジーを」という思いを抱いた。帰国後に大学時代の友人２人を誘って起業した。

アタマプラスの教材は「タブレット端末の中にＡＩの先生がいるイメージ」(稲田氏)。生徒に問題を解かせながら、解答の内容や所要時間、学習履歴などのデータを吸い上げて分析。その単元を効率的かつ完璧に理解できるよう学習プランを組み立てていく。収録コンテンツには演習問題、復習問題、講義動画などがあり、必要に応じて出し分ける。高校生でも、つまずきの原因が中学課程にあればそこまで戻って学ばせる。

実績は出ている。アタマプラスを使った生徒の平均点の上昇に加え、習熟にかかる時間を従来の6分の1程度に短縮できた科目もあった。

現在の販売先は学習塾や予備校だ。人による講義形式の指導をやめ、アタマプラス中心の指導に切り替える塾も出ている。その場合、講師は生徒のコーチングや精神面のケアに徹することになり、アタマプラスはそのための講師用アプリも用意。「今後もＡＩと人のベストミックスを追求したい」(稲田氏)。

(長瀧菜摘)

ＩＮＣＪベンチャー投資の通信簿

約2兆円の投資枠を持つ官民ファンド、ＩＮＣＪ（旧産業革新機構）。「官民」といっても、出資の9割超が政府、投資資金は政府保証で調達している。次世代の国富を担う産業を育成・創出するという政策目的のためにつくられた〝国策ファンド〟である。その投資手法は主に2つ。1つがベンチャー投資であり、もう1つは大企業が抱え込んだ事業の再編だ。

2009年の設立から直近までの10年間で140件、約1兆3150億円（支援決定上限ベース）を投資してきた。このうちベンチャー投資は112件（投資ファンド経由を除く）、2744億円。件数では全体の8割を占めるが、金額では2割でしかない。

これに対して再編案件は12件、7637億円。液晶のジャパンディスプレイ（JDI）、有機ELのJOLED（ジェイオーレッド）、半導体のルネサスエレクトロニクスの3社への投資が合計約7000億円と大半を占める。JDIは経営危機に瀕しており、JOLEDは事業化の前段階。ルネサスでは5000億円近い売却益を上げたが、足元の業績は赤字。INCJに対して「ゾンビ救済」「経済産業省の財布」といった批判がついて回るゆえんだ。

リスク案件に重点投資

では、INCJのベンチャー投資の評価はどうか。

「民間のベンチャーキャピタルだけではなかなかできないリスクが高い案件や、量産化に多額の資金が必要な案件に投資する役割がある」と、志賀俊之会長はINCJの意義を語る。

実際、投資先はバイオ、電子デバイス、素材、宇宙など事業化の難しい領域が多い。

そして意外なことに、19年3月末時点のイグジット分の投資成績はプラスだ。18年1月末時点ではマイナスだったが、14カ月で回収額を376億円積み上げたことでプラスに転じた。個別案件への投資はマイナスだったが、LP投資（VCへの投資）でフリマアプリのメルカリなどの成功案件が寄与した。

さらに19年6月に法人向けクラウド名刺管理のSansanが上場したことにより65億円の利益を上げ、足元では個別案件の累計成績も若干のプラスに転じたもようだ。ただし、それ以外で10億円以上を稼いだのはLCC（格安航空会社）のピーチ・アビエーション（100億円超）など5社程度。全日本空輸の新規事業だったピーチを純粋なベンチャー投資とするかは微妙で、評価は難しい。

■ 意外にも投資成績はプラス
―イグジット分の実績―

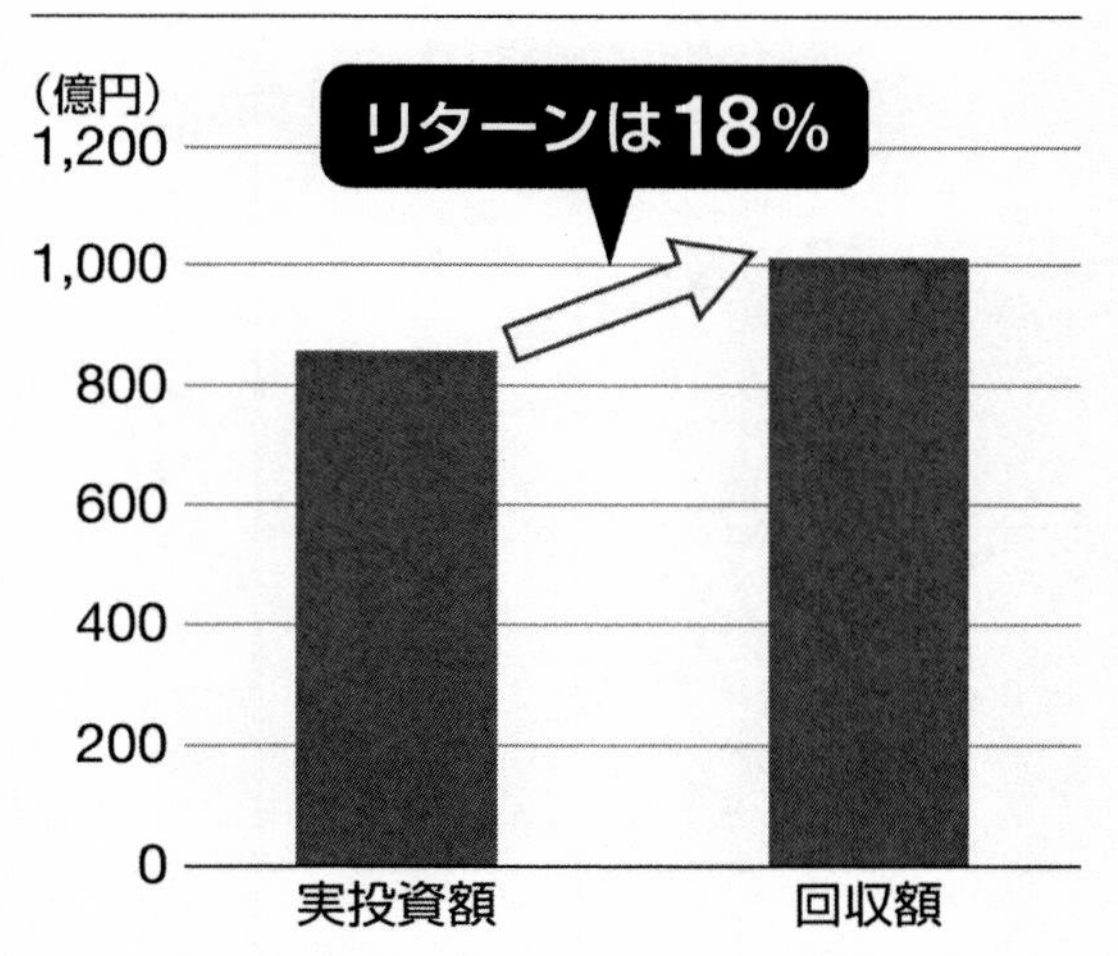

(注)2019年3月末時点、35社の直接投資とファンド経由　(出所)会社資料を基に本誌作成

ＩＮＣＪに対しては「手続きが煩雑で調整に時間がかかる」といった不満がベンチャー側に少なくない。社内手続きの遅れにより追加の資金調達が流れ、倒産寸前となった企業もある。「設立初期の投資案件には政官のしがらみから決まったものもあり、そのほとんどが損失になった」と告白するＯＢもいる。

一方で、「ＩＮＣＪの参加によって民間ＶＣの投資が増えた」と言うファンド関係者もいる。ベンチャー投資の裾野拡大に一定の役割を果たしたことは間違いない。

新規案件への投資は19年8月で終了。後継ファンドとして産業革新投資機構が設立されたが、2025年3月末までに投資済み案件のイグジットを行う。経営陣への高額報酬に対し批判が巻き起こり、取締役の大半が辞任して開店休業状態だ。結果、ＩＮＣＪに代わるベンチャーへの資金供給役は不在となっている。ただ、これは好機かもしれない。ベンチャーを生み育てる土壌づくりは、官ではなく民間の役割だからだ。

（山田雄大）

「ポスト・メルカリ」はここだ！

大物ベンチャーの現在地

企業価値が10億ドル（約1060億円）を超える未上場のベンチャーが日本でも増えている。メルカリに続くような大型上場は生まれるのか。大物ベンチャーたちの今を追った。

■日本のユニコーンは3社に —国内未上場ベンチャーの企業価値ランキング—

順位	社名	事業内容	企業価値
1	Preferred Networks	機械学習・深層学習などを技術開発	3516億円
2	リキッドグループ	暗号資産の交換所を傘下に有する	1161億円
3	スマートニュース	スマートフォン向けニュースアプリを開発・運営	1128億円
4	Spiber	人工タンパク質をアパレルなどに応用	897億円
5	パネイル	電力の流通システムを開発・運営	801億円
6	freee	クラウド会計ソフトを開発・運営	673億円
7	TBM	石灰石を主原料とした袋を開発	582億円
8	ティアフォー	完全自動運転のプラットフォームを提供	529億円
9	FiNC Technologies	AIを活用したヘルスケアアプリを提供	506億円
10	アストロスケールホールディングス	スペースデブリの除去技術を開発	483億円
11	エリーパワー	大型リチウムイオン電池などを開発	392億円
12	ZMP	人型ロボットおよびロボカー技術を応用	383億円
13	Blue Planet-works	OSプロテクト型のセキュリティー製品を提供	361億円
14	ビズリーチ	転職サイトや人材開発プラットフォームを提供	349億円
15	Finatextホールディングス	投資コミュニティーアプリなどを開発・運営	335億円
16	Liquid	オンラインによる本人確認サービスを提供	326億円
17	Looop	太陽光発電システムの開発・販売など	315億円
18	フロムスクラッチ	データマーケティングプラットフォームを提供	311億円
19	Origami	スマホ決済アプリを開発・運営	293億円
20	五常・アンド・カンパニー	新興国でマイクロファイナンスを展開	287億円

(注)2019年8月9日時点。子会社や、INCJの主導で設立されたJOLEDを除く (出所)for Startups

プリファード・ネットワークス

日本の未上場ベンチャーで断トツに評価が高いのが、ＡＩ（人工知能）を支える深層学習アルゴリズムを開発するプリファード・ネットワークス（ＰＦＮ）だ。大株主にはトヨタ自動車、ＮＴＴ、ファナックなど大企業が居並ぶ。提携先には米エヌビディア、米インテル、米マイクロソフトなど一流企業がズラリ。２０１９年７月にはＪＸＴＧホールディングスから１０億円を調達し、その時点の条件で計算すると企業価値はついに３０００億円に達した。

事業の内容はややわかりにくい。自動運転、ロボット、がん検診、製造設備の効率化などさまざまな領域に深層学習を応用していく。業績や詳細な収益モデルは開示されていないが、現状は大企業を中心としたパートナーから得る研究開発費がメインの収入源のようだ。ただし、単なる開発の下請けではなく、「あくまで対等」（比戸将平執行役員）と言い切れるところに強さがある。

２５０人の社員の９割はエンジニアで、天才プログラマーがごろごろいるとの評判だ。深層学習用の半導体や、それを組み込んだスーパーコンピューターの開発にまで乗り出している。

「次の世代のグーグルのような技術を自分たちで生み出したい」（比戸氏）。グーグルにとっての検索連動広告のような金の卵を今後見つけられるかが、企業としての飛躍のカギとなりそうだ。

（山田雄大）

フリー（freee）

日本におけるＳａａＳベンチャーの先駆者が、会計のクラウドサービスを手がけるフリーだ。導入社数は１００万社を超え、会計と給与計算のクラウドソフトで高シェアを有する。

創業者の佐々木大輔ＣＥＯ（３８）は一橋大学卒業後、数社での勤務を経て、ＡＩベンチャーでＣＦＯを経験。その後入社したグーグル日本法人で中小企業を相手にしたこともあり、「テクノロジーはもっと経営の根幹で活用されるべき」ということを痛感した。それが２０１２年の創業につながった。

主力サービスの「会計フリー」では、中小企業の担当者が領収書をスマートフォンで撮影すると、自動的に何をいくらで買ったかが帳簿に転記・仕訳される。銀行口座やクレジットカードと連係することで、毎月の売り上げや経費をリアルタイムで把握することもできる。モバイル決済サービスの「Square」など他社サービスとの連携も加速しており、連携件数は約4000件に上る。

「日本の会計ソフトのクラウド化はまだ2割程度」(佐々木氏)のため、業績拡大の余地はまだまだ大きい。投資家の注目度も高く、18年8月には65億円を調達し企業価値は600億円を超えた。

同じSaaS分野では名刺管理のSansanが、19年6月に上場した。フリーの次なる一手に注目が集まる。

(中川雅博)

スマートニュース

2019年8月、日本郵政キャピタルなどから総額31億円の資金を調達し、ユニコーンとなったスマートニュース。新聞、出版、ネットメディアなど提携媒体社から記事を収集し、政治、経済、エンタメといったチャンネルに分類し表示する「アグリゲーション（集約）サービス」で成長してきた。

創業から7年で日本版、米国版を合わせたアプリダウンロード数は4000万件を突破し、月間利用者数も2000万人を誇る。アプリ内に掲載する広告が収益柱だ。力を入れているのが米国事業だ。18年12月に発表された第三者機関調査によれば、英語圏におけるネットメディアへの送客元としてスマートニュースは米ヤフーを抜き、初めて10位につけた。

勢いがついたのは2016年の米大統領選挙後だ。保守・リベラルで支持層の分断が進む中、独自のアルゴリズムをアプリに導入し、さまざまな論調の記事をバランスよく出す調整を行った。この機能を動画広告などで広くアピールし、「自分の情報取得環境を健全に保ちたいと思っている層に訴求できた」（鈴木健・スマートニュースCEO）という。今回の調達資金も、米国でのさらなる成長を見据えた投資に充てる。

グローバル開発体制への移行に向け、19年6月には「プレイステーションの父」

として有名な久芎良木健（くたらぎ　けん）氏や、米フェイスブックでニュースフィード機能のインフラ責任者を務めた人物などを招聘。同時に世界6拠点体制とし、人員採用を加速させる。

（長瀧菜摘）

ビズリーチ

ハイクラス層向け転職サイト「ビズリーチ」が主力のビズリーチは、創業12年超の古参ベンチャーだ。求職者を直接スカウトするダイレクトリクルーティングの先駆けとして知られる。

これまで日本企業では自前で人材を育成する傾向が強かった。しかし、「多くのビジネスモデルが短命化し、企業が外部から即戦力を採用する時代になった」と、ビズリーチ事業を統括する多田洋祐取締役（37）は指摘する。

求職者の登録者数は166万人以上、利用企業は1・1万社に上る。同じ採用支援の分野では、20代向け転職仲介や求人検索エンジンなども手がける。

採用支援にとどまらない事業拡大も狙っている。その1つが16年に始めた人材の一元管理システム「ハーモス」だ。自社システムの外販から出発し、今では採用管理、人材育成、評価などをカバーする。もう1つが、17年開始の事業承継M&A支援サービス「ビズリーチ・サクシード」。中小企業の後継者不足解消のため、事業を譲りたい経営者と買収したい企業とをマッチングする。「ビズリーチ」で培ったデータを活用し、譲渡案件登録数が1600件超と業界屈指の規模を持つ。

一連の業容拡大で、従業員は1500人弱まで増えた。次の収益柱が育てば株式上場も視野に入ってきそうだ。

（許斐健太）

スパイバー

次世代バイオ素材の開発に取り組む2007年設立のスパイバーが、ようやく商品の販売を始める。「THE NORTH FACE」ブランドを展開するゴールドウインと15年から共同開発してきたTシャツを、8月下旬に250着販売する（予約者対象）。

１１月からはアウトドアジャケット「ムーンパーカ」を販売する。

スパイバーが提供する素材は、微生物による発酵でできる構造タンパク質がベース。化学繊維のように原料を石油に依存しないため、環境への負荷を低減できる。ゴールドウインとしては、こうした環境配慮に適した素材を使えることが魅力に映ったようだ。

商用化までの道のりは長かった。当初はクモの糸を人工的に再現した繊維の量産化を目指したが、クモの糸が持つ水にぬれると「超収縮」する特性がアウトドアウェアに適さないことがわかり、１６年に予定していた販売は一度延期となった。その後、タンパク質の特徴を定義するアミノ酸の配列を調整し、ぬれてもサイズが変わらない素材の開発に成功。念願の量産化にこぎ着けた。

関山和秀代表（３６）は「機能性などの基準をクリアしたことで、ほかの産業にも展開できる基本的な技術を蓄積できた」と話す。これからはアパレル以外に、人工毛髪の開発や自動車、建築の分野への応用も目指す。

製品群の拡大を見据えた素材の量産化に向け、１９年夏からタイでプラントを建設し、21年に稼働する予定だ。クールジャパン機構や三菱UFJ銀行などから調達した資金もここにつぎ込む。「いずれは世界における繊維市場の1~2割をわれわれの素材に置き換えたい」(関山氏)と夢を膨らませる。

(常盤有未)

エブリー

想定企業価値は約161億円とユニコーンには程遠いものの、20億円超の資金調達をコンスタントに実現しているのがエブリーだ。15年の創業以来、計4回の資金調達を行い、19年7月には5回目となる25億円の調達を伊藤忠食品から行った。

基幹事業はレシピ動画の「DELISH KITCHEN(デリッシュキッチン)」。開始当初はフェイスブック、ツイッターなど他社プラットフォーム上で動画を見せる「分散型メディア」として認知を広げてきたが、16年からは自前のアプリも展開する。そこでは糖質オフレシピなどを視聴できる課金サービスを提供している。

2018年からは、食品スーパーを中心にリアル店舗へのサイネージ端末の導入を開始。食品・飲料メーカーなどとのタイアップ動画を用い、販促支援ビジネスを拡大している。伊藤忠食品からの資金調達にも、このリアル店舗向けサイネージ事業を成長させる目的がある。吉田大成社長（39）は「店頭でレシピ動画を見せるだけでなく、アプリを通じたユーザーへのチラシ情報配信など、売り場を活性化させるオプションを広げていきたい」と語る。

ライバルは、三菱商事との資本業務提携で同じくサイネージ事業を育成するクックパッドだ。ブランド知名度や導入店数では、今のところエブリーの上を行くとみられるが、「動画本数や使い勝手では負けていない。営業と開発がより一体化しているので、店頭販促のニーズにも柔軟に応えられる」（吉田氏）と意気込む。テクノロジーの力で、食品流通業界に新風を吹き込む。

（長瀧菜摘）

【テーブルチェック】飲食店予約をオンラインで確実に

【設立】2011年3月【資本金】10億7163万円【社員数】118人

飲食店向け予約管理システム「TableSolution」とユーザー向けのネット予約サービス「TableCheck」を提供している。

創業者の谷口優CEO（35）は10年ほど前にクレジットカード決済代行のサイバーソースに勤務していたとき、ホテル業界で起きるネット予約へのシフトを目の当たりにした。電話予約に24時間多言語対応する必要がなくなり、無断キャンセルに対し請求が可能になる変化を見てきた。そして、「食べるのが好きだった」こともあり、「レストランと客の懸け橋となるプラットフォームを作りたい」と8年前に創業した。

TableSolutionを導入した飲食店は、「食べログ」などのグルメサイトや自社サイトといった複数の手段からの予約を一元管理でき、自動配席によって席効率を高められる。予約時にカード情報の入力を求めることで、無断キャンセルも防止できる。顧客は、TableCheck上で飲食店を検索すると、「よくあるグルメサイトのように広告料を多く払った順ではなく、距離や予算など関心に応じた順番で表示できる」(谷口氏)。

18カ国語に対応し、海外からの予約も簡単だ。現在、TableSolutionは19カ国の約4000店舗に導入され、なお加速度的に増えている。

今後はホテルや航空業界のように、退店時に会計レスになる自動精算の仕組み「TableCheck Pay」の導入を促進していく。

(佐々木亮祐)

【コネクテッドロボティクス】調理の自動化で重労働を解消

【設立】2014年2月　【資本金】4億8000万円　【社員数】33人（インターン学生、アルバイト含む）

ソフトクリームやたこ焼きの調理ロボットを開発するコネクテッドロボティクス。創業者の沢登哲也CEO（37）は、学生時代にロボットについて学んだ。また、祖父母が営む飲食店の手伝いや自身で立ち上げた飲食店で働いた経験を持つ。「飲食店で長時間働くのはキツい。イノベーションの余地が残っている」と感じたことが、調理ロボット開発の原点だ。

たこ焼きロボット「OctoChef（オクトシェフ）」が生まれたきっかけは、友人の自宅で開催されたたこ焼きパーティーだった。大人が焼くと子どもたちが大喜びしたが、「ロボットにできない作業ではない」とひらめき、開発に着手。独自の強みはＡＩによる画像解析だ。オクトシェフでは鉄板の振動によってたこ焼きをひっくり返すが、焼き加減が偏っているたこ焼きを画像認識で判別し、ピックの付いたロボットアームが均等に焼けるように動かす。

２０１８年7月、ハウステンボス（長崎県佐世保市）にソフトクリームロボットとともに初めて導入された。調理にかける人手を減らす効果に加え、ロボットの動きに見入る見物客も多いという。１９年１０月には、セブン＆アイ・フードシステムズのファストフード業態「ポッポ」にも納入する。オクトシェフの値段は初期費用約３００万円、メンテナンスやアップデートの費用が月額２０万～２５万円と高額だ。しかし、引き合いは増える一方だという。「導入先が増えれば量産効果でロボットの値段は下がっていく」と沢登氏は期待する。

（佐々木亮祐）

【クラウドポート】　事業者と個人投資家を結ぶ

【設立】２０１６年１１月　【資本金】５億０３００万円　【社員数】２２人

資産運用サービスを展開するクラウドポートが、１９年７月に開かれたベンチャーの登竜門といわれるコンテスト「IVS LaunchPad（ローンチパッド）」で優勝し、脚光を浴びている。

運営する「Funds（ファンズ）」は、お金を借りたい事業者と投資家をインターネット上で結び付ける。と言っても、一般的なソーシャルレンディング事業者のように、自らファンドを組成して集めた資金を未上場企業などに貸し、高い利回りを投資家に提供するのではない。企業と投資家をつなぐ「場」を提供するのが特徴だ。借り手は上場企業やベンチャーキャピタルが出資する企業が中心で、予定利回りは3%前後が多い。

投資家の人気は高く、19年1月のサービス開始から半年で1万人の会員を獲得。募集金額1億円、利回り3%の案件が39秒で満額になるなど、即時完売するケースが多い。

藤田雄一郎社長(39)はサイバーエージェントの出身で、「(金融に対して)アウトサイダーだからこそできる発想が強みだ」と語る。

8月5日に、伊藤忠テクノロジーベンチャーズや三菱UFJキャピタルなどから7億円を調達。出資企業の基盤を生かして案件数を増やし、2021年末までに取扱額1000億円を目指す。

(藤原宏成)

海外ヘッジファンドが顧客

【フィナテキストHD】証券システム、データ解析を提供

【設立】2013年12月 【資本金】1億円 【社員数】163人（海外の従業員含む。国内のみだと70人）

複数のフィンテックサービスを手がける東京大学発のベンチャー、フィナテキスト（Finatext）ホールディングス。証券プラットフォームサービス、投資関連アプリ、ビッグデータ解析の3事業を運営する。

強みは技術開発力だ。2017年に設立し、大和証券グループ本社も出資するスマートプラスを通じ、これから金融事業に参入するネット企業や小売り企業など向けに株式注文の基盤システムを提供している。これを証券プラットフォームサービスと

呼ぶ。導入した顧客は、ユーザーが実際に触れるウェブやアプリの操作性などの部分に開発を集中できる。

スマートプラスは、コミュニティー型株取引アプリ「STREAM」も投資初心者向けに提供している。18年8月に調達した60億円はこのスマートプラスに充当された。

ビッグデータ解析は、傘下のナウキャストが機関投資家向けに提供する。企業の業績予想や各種の経済統計など、数週間から数カ月遅れで発表されている数値を、最短2日遅れで推計し、有料販売している。これを可能にしているのが、POSデータやポイントカード、クレジットカードの利用情報など膨大なデータを素早く分析する技術だ。

「世界のヘッジファンドトップ10のうち、すでに半分が顧客になっている」と林良太CEO(33)は胸を張る。

(梅垣勇人)

【ゼノデータ・ラボ】 あらゆるニュース、企業データを網羅

【設立】２０１６年2月 【資本金】４億２０００万円 【社員数】３０人

ゼノデータ・ラボ（xenodata lab.）は、世界の経済動向をＡＩ（人工知能）で可視化する「ゼノブレイン」というサービスを展開する。

ゼノブレインに含まれている情報は、過去１０年分５０００万本のニュースと、３８００社超の全上場企業データだ。ニュースでは米ダウ・ジョーンズや時事通信社に加え、鉄鋼新聞などの業界専門紙と提携している。企業データではモーニングスターや帝国データバンクなどとも組む。

これらを独自のＡＩによって分析し、定額課金制で情報を提供。現在４０社超の大

手企業が導入しており、野村アセットマネジメントや化学メーカーの昭和電工などが並ぶ。

ゼノブレインを導入した企業は、将来の経済動向を把握することで損失リスクや収益機会を予測できる。例えば5G（第5世代移動通信システム）が始まるというニュースを起点にした場合、動画広告の需要が増えデジタルサイネージの需要が高まり、液晶パネルのメーカーに恩恵がある、といった情報を営業部門や調達部門などが把握できる。企業の決算情報は銀行の与信管理や融資、調査にも有用だ。

大手会計事務所などに在籍した関洋二郎社長（35）は「ユーザーが求めているのは過去のデータではなく、企業の財務状況が今後どうなるのかといった将来の示唆ではないか」と考えたという。

さらに認知度を高めるため、6月に名刺管理サービス「Sansan」と提携。「今後はいろいろな法人向けサービスと連携したい」（同）。

（梅垣勇人）

【ミラティブ】ゲーム実況アプリで急成長

【設立】2018年2月　【資本金】18億1011万円　【社員数】41人

「グローバルで勝てるサービスをつくりたいと思って設計した」。そう熱を込めるのは、ミラティブの赤川隼一社長（36）だ。

ミラティブは、ユーザーがスマートフォンゲームで遊んでいる様子を生配信する「ゲーム実況」が簡単にできるアプリを提供している。特別な機材を必要とせず、スマホだけでできることから人気に火がついた。配信者数は100万人を超えている。

特徴は、ゲーム実況だけではない。ゲームをきっかけに雑談を配信する人も多い。また、ユーザーの声に合わせて動く3Dアバター（分身）を作成する機能やアバターを使ってカラオケができる機能があり、ネット上で顔を見せることに抵抗がある人でも配信を楽しめるようになっている。数十万人のユーザーがアバターを利用して配信しており、ゲームだけでない双方向のコミュニケーションアプリを目指しているという。

アバター機能は収益にも貢献している。ユーザーはお金を払って、アバターの服装などのアイテムを購入することが可能だ。ミラティブの収益源はそれ以外に、ユーザーから配信者にギフトを贈るときに必要なコインの販売や、ゲーム会社とのタイアップ広告といったものがある。

海外事業の苦い思い出

赤川氏は慶応大学環境情報学部を卒業後、IT企業のディー・エヌ・エー（DeNA）に入社した。2012年には最年少で執行役員に就任し、海外事業を統括するなど順風満帆なキャリアを歩んでいた。

ところがDeNAは、16年に欧米でのゲーム開発から撤退した。ヒット作が生み出せなかったためだ。「海外で勝てなかった苦い思い出だ」と赤川氏は振り返る。その後、DeNAの新規事業としてミラティブを立ち上げ、18年にMBO（経営陣による買収）する形で独立した。

創業から間もないが、すでに累計46億円の資金を調達している。セガゲームスの執行役員を務めた岩城農氏（39）がCSO（最高戦略責任者）として、ニュースキュレーションアプリを手がけるグノシーのCFOだった伊藤光茂氏（45）がCFOとして参画するなど、経営の舵取りを担う人材が着々と集まっている。

19年2月にはテレビCMを初めて放送するなど、マーケティングを強化。さらに韓国へ進出し、国内外で成長を加速していく算段だ。

（井上昌也）

【キャディ】　町工場を救う効率化システム

【設立】2017年11月【資本金】1億円【社員数】56人

ロボットや自動車など、あらゆる工業製品に欠かせない板金加工品。その特注加工品の価格や納期の見積もりをわずか7秒で算出できるシステムを開発したのがキャディだ。

板金加工品の中でも多品種少量生産の製品は、発注側の大企業の設計担当者が加工技術を持つ町工場からこれまでの付き合いを基に相見積もりを取っていた。だが、時間がかかるだけでなく、正確な原価計算ができない。町工場にとっては見積もり作成に追われ、取引先の幅が広がらず赤字になるケースも多い。

キャディはそうした煩わしい作業から発注者と加工会社を解放する。町工場にメンバーを派遣し、材料価格や労働時間、機械の稼働時間を分析。独自のシステムによって、黒字を確保できる価格と納期を提示できるのだ。

創業から1年半。キャディを利用する町工場は約150社に上るが、倒産したのは1社だけ。「1年で売り上げが倍になった」「何十年かぶりで人を雇うことができた」。そうした声が多く寄せられる。

加藤勇志郎CEO(28)は東京大学卒業後、外資系コンサルティング会社・マッキンゼーで製造業を支援する中で、「ものづくりのポテンシャルを最大限に引き出したい」と感じた。それが起業のきっかけだ。町工場の救世主となることができるか。

(高橋玲央)

【ウフル】 異なるサービスをつなぐ「エネブラー」革命

【設立】2006年2月 【資本金】14億7863万円 【社員数】279人

株主にはセールスフォース・ドットコムやソフトバンク、電通、日本特殊陶業、三井物産、村田製作所など大企業がずらりと並ぶ。IoT業界で存在感を高めているのがウフルだ。注目されるようになったのは2014年に開始した開発・運用サービス「エネブラー」。異なるIoTプラットフォームやクラウドとエッジコンピューティングをつなぐことができるのが特徴だ。

プロジェクト数は年間100件以上に及ぶ。三菱重工業の風力発電にも導入され、クラウドとビッグデータの別々のサービスをエネブラーで連携。風力タービンの回転数や振動などのデータを集約・分析し運転状況を可視化するサービスを実現した。

最近はサウジアラビア政府が進めるスマート未来都市「ネオム」にエネブラーを売り込むなど勢いは国内にとどまらない。園田崇社長（46）は「今後も〝つなぐ〟にこだわっていきたい」と意気込む。

園田氏は電通や外資系金融機関を渡り歩いた後、ライブドア副社長に就任。ニッポン放送の経営権をめぐってフジテレビと争っていた社長の堀江貴文氏に出会って人生が変わった。テック企業のすごさを目の当たりにし、学生時代の仲間と起業。ＳＮＳから始めたサービスはセールスフォースと提携してクラウド導入サービスに転換、さらにＩｏＴへと夢が広がっている。


（冨岡　耕）

約3万のカタログから比較

【アペルザ】 間接資材の購買サイトを提供

【設立】2016年7月 【資本金】6億2498万円 【社員数】44人

自慢の製品がなかなか売れない——。製造業の営業担当者の多くが、製品を売ることに苦悩している。その悩みを軽減して売り手を助けるシステムをアペルザは提供している。

扱うのは、工場の生産活動で使用される工作機械のような間接資材だ。通常、生産ラインに導入する資材は担当者が複数のカタログを取り寄せ性能や価格を比較して購入する。その負担を減らすためにカタログのポータルサイトを設置。約3万のカタログを基にサイト内で複数の製品を比較可能にした。販売側も、カタログを配布せずに露出を増やせるという利点がある。さらに資材を売買できるようにマーケットプレイスも提供。顧客獲得から販売促進までを一気通貫のサービスで支援する体制を整えている。

創業者の石原誠社長（44）は営業利益率50％超えで知られるキーエンスに新卒入社し、約17年間在籍した。同社の高収益に直結している直販営業を経験した後、データベース事業を運営した。

合理的な営業を行うキーエンスでの経験から石原氏は、製造業の多くが営業の分析や効率化をせず「売り方を科学していない」と指摘する。アペルザは19年4月から販促や営業の効率化を支援するクラウドサービスの提供も開始。顧客情報を収集・活用するための顧客管理やメール配信の機能などを提供する。

石原氏は「日本の製品を売りやすく、かつ売り方を上手にすれば日本の製造業はもっと強くなる」と熱く語る。

（劉　彦甫）

急な宿泊の予定変更に対応

【キャンセル】　宿泊予約の権利を個人同士で売買

【設立】２０１６年1月　【資本金】１億０６４８万円　【社員数】１０人

旅行の予定が直前で変わり、予約していたホテルの取り消し料金が発生してしまう――。そんな場面で役立つ企業がキャンセル（Cansell）だ。

取り消しや解約を意味するキャンセルを、売ることができるという意味の「can sell」へ言い換えた言葉が社名となっている。

サービスの中身は、宿泊予約の権利を個人同士で売買できるというもの。近年は料金が安い代わりに返金不可という宿泊プランも多い。急な予定変更で発生した取り消し料金を負担しないで済む。キャンセル側の取り分は１５％の手数料だ。

宿泊施設からすると救済策があることで予約客ともめるリスクを回避でき、宿泊者の確保で食事などの付帯収入も見込める。予約の買い手も正規料金より安い宿泊プランを見つけられる。かつて映画関連のベンチャーに在籍していた山下恭平代表（33）は、「三方よしのサービスだ」と言う。

キャンセルは出品案件について、予約が本当に入っているか、名義変更できるかはもちろん、宿が特別に取り消しに応じていないかも確認する。売買価格は正規料金より高く設定できず、単純な転売はできない仕組みになっている。

山下氏は「そもそも予定変更で悩んでいる人を助けるのが目的のサービス。マイナスをゼロにするのが大切。転売屋を儲けさせるようなことはしたくない」と語る。

現在は全国で約2700の宿泊施設とパートナー契約を結ぶ。数年内にそれを1万まで増やすのが目標だ。年内には英語サイトをオープンして国際的なサービスを目指す。

（森田宗一郎）

【空】 ホテルや旅館の料金設定を効率化

【設立】２０１５年４月　【資本金】１億４０００万円　【社員数】２７人

空は、ホテルや旅館の料金設定業務を効率化するツール「マジックプライス」を展開するベンチャーだ。

ホテルや旅館は、周囲の競合店を見比べながら、自らの収益を最大化できるよう、料金を設定する。だが、実際に料金設定を担ってきたのは旅行代理店というところが大半だった。それが近年、インターネットの自社サイトを通じての直販が可能になり、料金を自ら設定することが求められるようになった。

松村大貴ＣＥＯ（３０）は「宿泊施設の売り上げは料金設定次第で１～２割は上下

する。２０２０年の東京五輪に向けてホテルは増えるが、料金設定のできる専門人材が足りない」と指摘する。

マジックプライスは、競合店の料金や周辺イベントの情報を自動で収集・分析する。ＡＩ（人工知能）で適正価格の提案も行う。初めてでも使いやすい仕様になっており、すでにニュー・オータニやワシントンホテルといった伝統や規模のあるグループ企業が採用。月額利用料は約１０万円で、契約施設数は過去1年間で5倍以上に増えた。松村氏は「数年内の株式上場を通過点に、世界へ向けてサービスを展開していく」と意気込む。

今後は宿泊業界だけでなく、日替わり制料金の導入が進むテーマパークや遊園地といった他業界への横展開も進め、成長を加速する。

（森田宗一郎）

【オクト】スマホで工事進捗の情報を共有

【設立】2016年3月【資本金】8億7462万円【社員数】92人

「電話とファクスと車移動に追われている建設現場の人たちの日常を、もう少し楽にできないか」

そんな思いで施工管理アプリ「&ANDPAD（アンドパッド）」を開発・提供しているのがオクトの社長、稲田武夫氏（34）だ。スマートフォンベースのアプリで、工程表、地図、進捗状況の写真、職人の報告などが共有できる。

ユーザーからは「進捗の連絡や書類の受け渡しを効率化でき、1日平均45分の業務を軽減できた」と高評価。2016年のリリースから約3年で導入社数は

1600社を突破。管理する施工案件は130万件を超えた。利用料は月3万6000円からで、継続利用率は99%を超える。

稲田氏は慶応大学卒業後、リクルートに入社。新規事業の創設に携わった後、14年に独立。実家のリフォーム時の苦労からリフォーム会社検索サイトを立ち上げた。

全国のリフォーム会社を訪問するうちに、施工管理者が進捗管理などに四苦八苦する姿を目の当たりにする。

そしてアプリ開発に着手。だが、案件によって工期や工事の種類などは異なる。試行錯誤を繰り返し、リリースまで1年を費やした。人間関係が密な建設業界で信頼を得るために、リアルな場での説明会も月70回以上開催している。

今後はエンジニアを約3倍に増やし「建設現場の生産性向上にさらに役立つ開発を進めていく」(稲田氏)方針だ。

(福田　淳)

【ソラビト】　中古建機のネット取引所

【設立】２０１４年５月　【資本金】９億１２５０万円　【社員数】約３０人

「建設機械を売買する人が最初に相談する場所になりたい」。そう語るのはショベルカーなど建機のオンライン取引所「オールストッカー」を運営するソラビト（SORABITO）の青木隆幸会長（３３）だ。

建設会社にとって建機は値の張る重要な資産。だが、いつも稼働させられるわけではなく、その購入時期や価格に悩む経営者は多い。

そこで青木氏が立ち上げたのがオールストッカーだ。常時掲載型のマーケットや競り上げ式のオークションで建機の売買ができる。成約し入金を確認した後、ソラビトは輸送を手配する。そして買い手と売り手のそれぞれから代金の5～10％の手数料を受け取る。

強みは全国にいる鑑定人によるリポートだ。買い手のおよそ6割が東南アジアなど海外企業のため、出品される建機の状態について詳細なリポートを数カ国語で作る。日本で使われた中古建機は海外で人気が高い。東南アジアなどの新興国では、日本の中古建機はメンテナンスが行き届いており壊れにくい、との評価が定着している。地域によっては新品の購入が難しいこともあり手入れの容易な古い機種が好まれることがある。2年前に500万円で購入した建機が550万円で売れたこともあるという。

ソラビトの年間流通総額は数十億円。資本提携している住友商事や伊藤忠TC建機のネットワークを活用し、「早く年100億円に伸ばしたい」（青木氏）と意気込む。

（大塚隆史）

キーパーソンに直撃！

ベンチャー業界の盛り上がりの実態を聞く

メルカリの上場を機に潮目が変わり始めた

日本ベンチャーキャピタル協会　名誉会長・仮屋薗聡一

ベンチャーキャピタルは、現在の市場環境をどう感じているのか。業界の重鎮に聞いた。

日本のＶＣはこれまで、金融機関の子会社が手がけている場合が多かった。金融機関にとっては融資先や上場時における主幹事の座を獲得するためのツールでしかなく、本当にリスクを取ってベンチャーに投資する主体が少なかった。

しかし最近は、独立系VCが機関投資家からお金を預かり、リターンを出すようになった。18年6月にメルカリが上場し、機関投資家の目もVCというアセットクラスに向くようになった。米国ではだいぶ前から存在している流れが、日本でも生まれ始めている。

2019年6月に上場したSansanのように、時価総額が1000億円を超えるベンチャーがこれからどんどん生まれていくだろう。未上場で数十億円から100億円の資金調達をしているところは、いずれも楽しみな会社ばかりだ。

ベンチャー側から見た以前との違いは、まず経営陣の質が向上している点だ。加えて「第4次産業革命」といわれるように、新しいビジネスの機会がITの分野だけでなく医療、教育、建設、物流などの領域に広がってきている。

ネット業界の中でも、個人向けのスマートフォンアプリだけでなく、法人向けのSaaS分野で勢いのあるベンチャーがいくつも生まれている。

これからは上場に限らず、大企業からのM&A（合併・買取）によってイグジット

（投資回収）するケースも増えてくるはずだ。

（聞き手・中川雅博）

仮屋薗聡一（かりやぞの・そういち）
慶応大学法学部卒業、米ピッツバーグ大学経営大学院ＭＢＡ修了。三和総合研究所を経て、１９９６年グロービス入社。２０１５年から一般社団法人日本ベンチャーキャピタル協会会長、１９年７月から現職。

日本のＶＣはまだ十分な運用実績を生んでいない

ニッセイ アセット マネジメント プライベートエクイティ共同ヘッド専門部長・秦　由佳

日本で有力なベンチャーを育成するには、支援するＶＣの力が欠かせない。国内外の機関投資家の資産運用を担う立場から見た、日本のＶＣの課題とは。

これまでは日本のＶＣに投資する理由はほとんどなかった。世界では米国のＶＣが圧倒的な力を持っているし、アジアの中でも中国やインドのＶＣに投資するほうが、リターンの観点で妙味があった。日本でも高い評価を受けるベンチャー企業は増えてきているが、圧倒的に少ない。

機関投資家が求めるものは、まずトラックレコード（過去の実績）だ。その点、同じプライベートエクイティー（未公開株式）への投資でもバイアウト（既存企業を買収し、部門や資産を売却するなどして買収先企業の価値を高めること）のほうが実績を残している。

安定したトラックレコードを残すためには、経営陣の顔ぶれがすぐに変わらないといった組織の安定性が必要だが、日本のＶＣにはそれを備えているところが少ない。機関投資家への情報開示も含め、これまで厳しいプレッシャーを受けてこなかったことが背景にあるのではないか。

一方で変化もある。起業家やＶＣの中にハイスペックな人材が増えていることだ。一流大学を卒業した人やＭＢＡ（経営学修士）を取得して投資銀行にいた人などが、ベンチャーで社会課題に取り組んでいるという姿勢には感心する。

この変化によって、日本のベンチャーがガバナンスをしっかりさせ、継続的にリターンを出せるようになることを期待している。

（聞き手・中川雅博）

秦　由佳（はた・ゆか）
慶応大学卒業、仏ＨＥＣ経営大学院ＭＢＡ修了。ジャフコ、みずほコーポレート銀行、野村アセットマネジメント、野村プライベート・エクイティ・キャピタルなどを経て２０１６年ニッセイ アセット マネジメント入社。

投資で社会を幸せにドローンで日本を変革

Drone Fund 代表・千葉功太郎

ベンチャー役員を経て、2017年にドローン特化ファンドを設立した千葉功太郎氏。その理由を尋ねた。

個人投資家として未来の社会を幸せにする技術に投資をしたい。そのテーマの1つがドローンだった。3年半前から興味を持ち、自分自身がはまって操縦もする。

AI(人工知能)やフィンテックといった領域には投資家がたくさんいるが、ドローンについては世界を見渡してもいなかった。ドローン関連のベンチャーが増え始めており、自分がドローン産業を立ち上げるという思いで、ファンドをつくった。

全方位型ファンドに比べると資金集めも投資も難しいが、35の企業と個人から16億円弱を集めて1号ファンドをつくることができ、1年強で22社に投資した。その成果もあり、2号ファンドには多くの大企業が出資してくれた。

ただし損得抜きに応援するといった甘いものではなく、リターンへの要求は厳しくしている。投資先には、社会にインパクトを与える大企業に育ち大きなリターンをもたらすことを期待している。そのためには短期の小さな利益を優先するのではなく、しっかりと先行投資をしてもらってかまわない。
ドローン産業の振興は、日本政府の関心も高い。22年度にドローンの自動運転サービスの実現、23年度にエアモビリティの事業化を目指すという閣議決定も6月に行われた。われわれはそうした公共政策立案も手がけている。ドローンが普及すれば社会は大きく変わる。日本の成長にもつながるだろう。

（聞き手・森川郁子）

千葉功太郎（ちば・こうたろう）
1974年生まれ、慶応大学環境情報学部卒業。リクルート、KLab取締役を経て、副社長としてコロプラを上場に導く。投資家のメンターとしても活躍。

赤字を恐れずやってきた世界にインパクトを残す

Sansan社長・寺田親弘

日本では数少ないユニコーンとして注目を集め、6月に上場したSansan（サンサン）。寺田親弘社長に今の心境を聞いた。

父親が事業をしていたこともあり、起業家志向は強かった。やるなら世の中の困り事を解決したいと思い、目をつけたのが名刺だ。「あの名刺はどこに行った?」というリアルな悩みがもともとあった。世界で100億枚あるといわれる名刺をデータベース化することに、奥行きの広さを感じた。

創業時からは隔世の感がある。今のように資金調達をどんどんして赤字でも成長するやり方は受け入れられず、自己資金を入れて、お金は使わないようにしていた。ただ2010年ごろに「しょぼいな」と感じた。数字は積み上がっていたが、すごくニッチだった。そんなときに登山家・栗城史多さん（故人）の講演を聴いて号泣した。「この人は命を懸けている。自分にそれくらいの覚悟はあるか」と。

そこで投資して赤字でも顧客を取りに行こうと決め、13年から資金調達を加速した。法人向けサービスのテレビCMを打ち、個人向けも無料で始め、収益は後から考えることにした。その結果、創業から6年は5000万円しか調達していなかったが、その後は100億円を調達した。必要な投資をしながらも、黒字化が見込める段階になったので上場した。

「世界にインパクトを残したい」という目標からすると、まだ何もできていないという実感が強い。大きな理由は海外事業が十分に立ち上がっていないこと。海外でも需要はあり、どうフィットさせるかを試行錯誤している。

（聞き手・中川雅博）

寺田親弘（てらだ・ちかひろ）

1976年生まれ。99年慶応大学環境情報学部卒業後、三井物産入社。シリコンバレーでの勤務や社内ベンチャーの立ち上げなどを経て2007年Sansan創業。

元ミクシィ社長らが、みずほとタッグ

上場後も見離さない新ファンド

大型の資金調達が次々行われるなど、日本のベンチャー市場は活気づいている。一方で、上場後に成長の止まるベンチャー企業が多いのも事実。新産業の主役になるプレーヤーはまだ少ないのが現状だ。

この問題に危機感を抱くのが、元ミクシィ社長の朝倉祐介氏（37）らが2017年7月に創業したシニフィアンだ。朝倉氏のほか、元ディー・エヌ・エー取締役の小林賢治氏（41）、元ゴールドマン・サックス投資銀行部門の村上誠典氏（41）が共同代表を務める。創業初期はベンチャー向けのメディア運営などを行っていたが、2019年6月にみずほキャピタルと共同で200億円の新ファンド「THE FUND」を立ち上げ、一気に知名度を上げた。

THE FUNDは、株式上場を目前とする成長期のベンチャーに投資する。運営会社の出資比率はシニフィアン66・66%、みずほキャピタル33・34%だが、ファンドの資金自体は、みずほ銀行が199億円を出資する。

日本のベンチャーが上場前後でつまずく原因の1つは、企業価値（時価総額）50億〜1000億円の間を支える投資家が不足している点にあるといわれる。THE FUNDはここを埋めるべく、「上場後も一定期間株式は売却せず、長期的に保有し投資先を成長軌道に乗せていく」（朝倉氏）。

未上場企業をユニコーンに育てることも目指す。「ユニコーンを生むことで、上場直前期に不足しているとされる投資資金の呼び水になりたい」（村上氏）。早速7月には、第1号案件として、人事・労務管理のクラウドサービスを手がけるスマートHRに出資した。

上場した投資先には、機関投資家も含めたIR活動の支援も行っていくという。

みずほ側の狙いはどこにあるのか。みずほ銀行執行役員でイノベーション企業支援部長の大櫃直人氏（54）は「シニフィアンと組むことで、これまで手薄だった上場直後のベンチャーにアプローチできることが大きい」と言う。

■ “第2の死の谷”に焦点 ―「THE FUND」の投資領域―

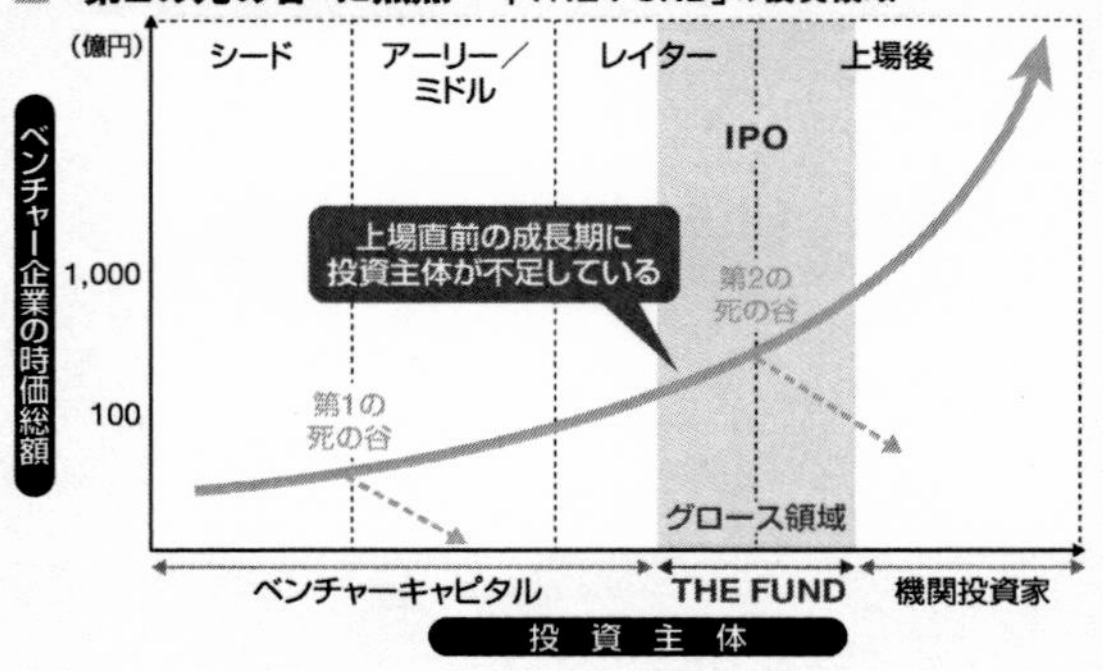

みずほトップも後押し

　みずほフィナンシャルグループは、19年度から始まった中期経営計画で「オープン&コネクト」を掲げ、外部企業との連携を加速している。直近ではソフトバンクと組んでAI融資サービス「J.Score」を展開。LINEとは共同出資で新銀行を設立する予定だ。THE FUND はその流れに続く事例の1つだ。
　シニフィアンとしてはみずほと組むことで、みずほの持つ顧客基盤や産業調査力を活用することができる。「もともと大櫃さんとはつながりがあった。みずほFGの坂井辰史社長が後押ししてくれたことも大きかった」(朝倉氏)。
　異色のタッグは、日本のベンチャー市場に一石を投じようとしている。

(藤原宏成)

【週刊東洋経済】

本書は、東洋経済新報社『週刊東洋経済』2019年8月24日号より抜粋、加筆修正のうえ制作しています。この記事が完全収録された底本をはじめ、雑誌バックナンバーは小社ホームページからもお求めいただけます。

小社では、『週刊東洋経済eビジネス新書』シリーズをはじめ、このほかにも多数の電子書籍ラインナップをそろえております。ぜひストアにて「東洋経済」で検索してみてください。

『週刊東洋経済eビジネス新書』シリーズ

No.295 アマゾンに勝つ経営
No.296 病院が消える
No.297 最強の通勤電車
No.298 地方反撃
No.299 東証1部 上場基準厳格化の衝撃

No.300　狂乱キャッシュレス
No.301　ファーウェイの真実（上巻）米国の「制裁」はこれからが本番だ
No.302　ファーウェイの真実（中巻）紅いピラミッドに組み込まれた日本
No.303　ファーウェイの真実（下巻）半導体と知的財産への飽くなき渇望
No.304　自動車　乱気流
No.305　不動産バブル　崩壊前夜
No.306　ドンキの正体
No.307　世界のエリートはなぜ哲学を学ぶのか
No.308　ＡＩ時代に食える仕事・食えない仕事
No.309　先端医療ベンチャー
No.310　最強私学　早稲田　ｖｓ．慶応
No.311　脱炭素経営
No.312　５Ｇ革命
No.313　クスリの大罪

No.314　お金の教科書
No.315　銀行員の岐路
No.316　中国が仕掛ける大学バトル
No.317　沸騰！再開発最前線
No.318　ソニーに学べ
No.319　老後資金の設計書
No.320　子ども本位の中高一貫校選び
No.321　定年後も稼ぐ力
No.322　ハワイ vs.沖縄　リゾートの条件
No.323　相続の最新ルール
No.324　お墓とお寺のイロハ

週刊東洋経済eビジネス新書　No.325
マネー殺到！　期待のベンチャー

【本誌（底本）】
編集局　中川雅博、森川郁子、長瀧菜摘
デザイン　小林由依
進行管理　三隅多香子
発行日　2019年8月24日

【電子版】
編集制作　塚田由紀夫、長谷川　隆
デザイン　市川和代
制作協力　丸井工文社
発行日　2020年2月10日　Ver.1

発行所　〒103-8345
東京都中央区日本橋本石町1-2-1
東洋経済新報社
電話　東洋経済コールセンター
03（6386）1040
https://toyokeizai.net/
発行人　駒橋憲一

電子書籍化に際しては、仕様上の都合などにより適宜編集を加えています。登場人物に関する情報、価格、為替レートなどは、特に記載のない限り底本編集当時のものです。一部の漢字を簡易慣用字体やかなで表記している場合があります。本書は縦書きでレイアウトしています。ご覧になる機種により表示に差が生じることがあります。

※本刊行物は、電子書籍版に基づいてプリントオンデマンド版として作成されたものです。